UN FANTASMA RECORRE EUROPA

UN FANTASMA RECORRE EUROPA

CRISTIÁN GÓMEZ OLIVARES

4/10

Nautilus
EDICIONES

UN FANTASMA RECORRE EUROPA

Primera edición: abril 2024

© De los poemas: Cristián Gómez Olivares
© Del diseño de cubierta y maquetación: Nautilus Ediciones
© De la selección de poetas y coordinación editorial: Samuel Trigueros
   Nautilus Ediciones
   nautilusedicioneshn@gmail.com

ISBN: 978-84-10241-14-5
Depósito Legal: Z 716-2024

Impreso en España, Unión Europea

CRISTIÁN GÓMEZ OLIVARES
(Santiago de Chile, 1971)

Poeta y traductor. Ha publicado, entre otros títulos, *Alfabeto para nadie* (Ediciones Fuga, Santiago, 2008), *La casa de Trotsky* (La isla de Siltolá ediciones, Sevilla, 2011), *La nieve es nuestra* (Ediciones Liliputienses, Cáceres, 2012, Ediciones Luces de Gálibo, Málaga, 2015) y *El libro rojo* (Edixiones Mantra, D.F., 2019; 2da. edición Editorial Aparte, Arica, 2023). Tradujo los libros *Cosmopolita* (Ediciones Liliputienses, Cáceres, 2014) y *Ciudad modelo* (Ediciones Liliputienses, Cáceres, 2018), de Donna Stonecipher, la antología *Yo solía decir su nombre*, de Carl Phillips (Editorial Aparte, Arica, 2022) y de Mónica de La Torre compiló y tradujo *Feliz año nuevo* (Ediciones Luces de Gálibo, Málaga, 2017). Junto a esta última, publicó la antología *Malditos latinos, malditos sudacas. Poesía hispanoamericana made in USA* (Ediciones El Billar de Lucrecia, D.F., 2009). Fue miembro del International Writing Program, de la Universidad de Iowa, y Writer in Residence en el Banff Center for the Arts, en Alberta, Canada. Es Associate Editor de Cardboard House Press y profesor de literatura latinoamericana en Case Western Reserve University, en Cleveland, EE.UU., donde también reside. Co-dirige, junto a Edgardo Mantra, la editorial de poesía en traducción 51GLO V51NT1D65, de México.

UN FANTASMA RECORRE EUROPA

Lihn escribe a favor de Padilla (1971)
y rompe con la izquierda latinoamericana.

Las tesis de abril son redactadas
para no ceder ante los socialdemócratas.

Los árboles del fruto nacen de sus raíces
y los amigos me preguntan cómo estás.

Los hijos de la ira están muy viejos
para llorar esa derrota que observaron

desde los mullidos asientos del exilio.
Las actrices de Hollywood

entran a una cabina telefónica, a la espera
de que un detective de mil novecientos cuarenta

venga a rescatarlas. Ese verso no me pertenece
pero sólo se hurta aquello de lo cual estás

enamorado. El mejor de mis amigos/me abandona
en Irarrázaval. Después vinieron a leerme el destino

desde una isla que no lo tiene. Estábamos bailando
y me lo dijeron como si fuera una advertencia.

Uno de esos comentarios hechos al pasar,
dichos con la única intención de mover

un poco el viento. Es hora de recibir con los
brazos abiertos la tormenta que le cerrara

las alas a un ángel. De tomar una decisión
pero no de arrepentirnos: pequeño-

burgueses, alienados, vendidos al imperialismo.
La música impedía escuchar eso que nos

decían en voz baja y al oído. Una profecía
rubia y de caderas anchas. Toda una santa

jauría arroja con pasión el denuesto
de comunista a sus contrarios: el Papa

y el Zar, los radicales franceses
y los polizontes alemanes. Compadre:

una vez que te metas con ella, de ahí no sales.
Un poco de aire movido por las cuerdas vocales

de un cocinero cubano que había estudiado
ingeniería en la Unión Soviética.

Y aquí estamos.

UNA VEZ QUE LA LEÑA SE HUBIERA TERMINADO
(manifiesto inoportuno)

I.-

Un militar norteamericano convertido al islam
es un problema a resolver por su familia
y los agentes encubiertos que lo vigilan desde cerca:
mi súper-yo se apresura a decirme que eso no es poesía
y nueve de diez ocasiones termino haciéndole caso,
las vestales que ejercen como profesoras e incluso
han tenido la deferencia de casarse con nosotros
practican el arte de encontrarlo todo bien
mientras recogen las migas repartidas sobre la mesa:
una lógica secreta dibuja con ellas un mensaje
que sólo se puede leer una vez que la cena esté servida
y el santo grial se encuentre finalmente de regreso,
las mujeres volverán a parir y ya no será necesario
que la bóveda celeste sea la única forma de nombrar
el cielo, hacer poesía será lo mismo que limpiar un escritorio
donde algunos trabajaban y otros hacían el amor
y una combinación de todas las anteriores
solía ser la respuesta que tenían en la boca al pensar
en sí mismos, y un número en cambio para nada
despreciable había llegado a la conclusión
de que la hoguera con los libros prohibidos
alumbraría tanto como la luz de sus teléfonos
una vez que la leña se hubiera terminado.

II.-

Este es el poema que escribí sobre una servilleta.
Esta es la transcripción del poema que escribí

     sobre una servilleta.
La distancia que media entre esta página
y la servilleta que me dio el sobrecargo
es el tiempo que me tomó la transcripción

de una a otra superficie.
     Esta página no es tan blanca como
la servilleta, ni tiene tampoco su misma
rugosidad. Mucho menos me he
     limpiado con ella la boca,
y sin embargo el poema es exactamente el mismo:

     tienen que confiar en mí.
Palabra por palabra lo he transcrito

     con la más absoluta de las fidelidades.

El blanco de la servilleta no me produjo
     ningún temor

decía el primer verso de aquel poema.

III.-

Cuando el cielo esté rojo quiere decir
        que ya estamos llegando

pero el cielo lleva rojo demasiado
        tiempo.

Tal vez quiera decir otra cosa que no somos

capaces de comprender, necesitaríamos
de esos poetas que miraban las estrellas
y de tan desnudas que estaban sólo podían

verlas brillando, necesitaríamos –nos
haría verdadera falta– un flanêur que supiera mirar

y no ir aplanando calles simplemente,
una profesora que trate de monstruos apocalípticos

al auditorio de oídos deseosos de escucharla,

un gásfiter que sepa de dónde viene el agua
y otro entendido en hacer un pozo interminable
                        aunque sea con un poco de ella.

Pero nos urge por sobre todo un montón de superficie
que guarde algo por debajo, nos apremia

escarbar la tierra con los dientes
a ver si encontramos las raíces

que según la leyenda
moraban esas moradas irreales.

Y descender entonces hasta que la luz
ya se haya ido. Y mirar por la ventana sin temor

esa oscuridad que nos espera con los brazos abiertos.
Clamando como una madre por nosotros.

POESÍA MEXICANA DE HOY

Bendigo el día como un arma de doble filo.
Escueto respondo las preguntas, consciente
de que podría inculparme, el asiento es un estrado
y los espectadores un tribunal, el público
es el coro que conoce de antemano

      nuestro destino. Las camionetas con vidrios

polarizados pasan por la calle principal
de esta ciudad que desconozco y cuyo nombre

      no le agregaría nada a la costumbre

de perder el tiempo con orgullo
o simplemente de perderlo

en medio de las vitrinas que nos ofrecen
a cambio de un poco de atención,

las mercancías, las cuentas de oro, las especias
venidas de ultramar, según cuentan esos libros

      que los maestros nos aconsejaban leer
en lugar de tener que escribirlos: espejos

      a cambio de comida,

relatos fantásticos para obtener
prosa cortada en endecasílabos,

cercos que retroceden un par
de centímetros al año, laderas

golpeadas por el viento
para que los niños que jueguen en ellas

encuentren rápido un culpable
una vez que abran los ojos

y sigan siendo niños
jugando en las laderas, el único tren

que recorre y recorre este país
da vueltas alrededor de sí mismo

a petición de los mismos pasajeros:

una silla de metal oxidándose bajo el sol
años después de concluida la tormenta.

MNEMÓSINE

El aliento no es bebida
ni mapa dibujado sin saberlo
por tus pies. La musa no es pasaje
a las estrellas, ni boleto de retorno
cuando se imponga finalmente su cansancio:
los guantes de box no son tu destino,
tampoco el nuestro. Imita de ser
estrictamente necesario, pero róbale
solamente a los que nada les haga falta.

Ni sobre.

AROS Y PENDIENTES

Como se dice en jerga policial,
vamos a hacerla corta: córtate
las uñas, desvístete, y dedícate
a escribir. Más claro echarle agua,
dirían esos monjes benedictinos
encargados de robársela a los aborígenes.
Y en cuanto a estos: cuida la métrica,
fíjate en los rieles, en los materiales
de los que están hechos, en el sudor
de los trabajadores al instalar
los bellos durmientes que yacen
sobre las vías, esperando –con
las manos y los pies atados,
su destino.

        No cuelgan, por suerte, de la horca:
penden de la punta de un lápiz
que aún no estampa su firma.
Los espectadores los rodean,
empujan, si pudieran, como la multitud
que te anima a saltar desde el último

            piso de este rascacielos: una selfie
para que la posteridad tenga algo que ver
con la acentuación inoportuna de estas sílabas
y el desafortunado número de ellas

bajo el microscopio acartonado
de los que saben. Ninguna

reflexión sobre el oficio
se compara con una tarde
rodeado de los apóstoles

que a diferencia de los antiguos
anuncian con bombos y platillos

su traición: acostumbrado como estás a ellos
anuncias también la tuya
acogiéndote a alguna enmienda

que antaño se le haya hecho
a la Constitución: los sabios

sabrán reconocerla, cuando se haga
necesario inventarla. Lo demás

fluye como un verso largo e indescriptible
arrinconado entre los callejones y las avenidas

de una ciudad que te pertenece
como los riscos que se abren

a tus pies.

SI LOS CLÁSICOS TUVIERAN
MAYOR CIRCULACIÓN

Mi toalla es la blanca, esa
que se mancha con facilidad
y hay que ponerla a lavar
más seguido que las otras.

La que refleja el sol de otra manera.
La que permanece colgada durante días.
Y el viento prefiere acariciarla.

Mírala tremolando como bandera,
sólo le falta un país siempre
dispuesto a rendirse,

                antes

        que el sudor de los soldados:
        secarlo es un acto de amor

parecido a cubrir con una sábana
                esos cuerpos que aún lo necesitan.

EL DESTINO DE ROMA

Cada librería tiene al menos
un título del gran maestro, esperándote
para que vuelvas a completar tu biblioteca.
Mira aquí, por ejemplo, en este lugar de Los Ángeles:
hay dos que antes no tenías y la oportunidad,
como todas, es única. ¿Vas a dejarla pasar?
Afuera los desamparados no llegan a ser homeless
y el olor a marihuana se confunde
con ese brillo venido a menos
de las joyerías resguardadas por guardias
deseosos de asaltarlas, los poetas
que circulaban por estos bares
nunca vieron la luz del día,
hicieron de la falta de trabajo
una estética difícil de imitar.

Cada librería te está esperando
con precios que fueron discutidos
en largas e infinitas asambleas
donde aquellos que estaban de pie
siempre votaban en contra con tal de prolongar
las discusiones: algunos vivían de ello,
otros lo hacían simplemente por el placer
de ver que el movimiento estudiantil
era capaz de sepultarse a sí mismo

blandiendo las mismas banderas
que enarbolara un bosque sin raíces
mientras dejaba atrás una llanura
dispuesto a perderse en la próxima,
cada anaquel era un augurio
sin profeta que lo hubiera pronunciado,
su orden provenía de un código secreto
que el celo de los bibliotecarios mantenía
lejos de la mirada de los estudiantes
que desde hace siglos venían durmiendo
con la cabeza apoyada en los pupitres
una siesta parecida al efecto mariposa:
por eso ahora están reclamando, por eso
han destruido con fervorosa complicidad
todos y cada uno de los semáforos
que podrían haber hecho más expedito
el avance de la marcha, por eso hay enanos
tratando de saltar estos muros que no conducen
a las embajadas de esos países que nos esperan
con los brazos abiertos como si todavía
nos adeudaran algo, algo que no sabemos lo que es
y sin embargo nos apresuramos a cobrar:
cada uno de esos libros respira el mismo aire
que los encargados de tocar el piano
en los burdeles que visitaban nuestros abuelos.
El bastón que utilizan para cruzar la calle
era un elemento imprescindible
a la hora de hacerse hombres
encima de un escenario del que pocos
regresaron y ninguno se arriesgaría
a hablar de él: las olas golpean las rocas
incluso cuando intentan evitarlas.

Cada página está escrita
para que los perros ladren de noche.
Privilegiado en esta ciudad es el que duerme.

MATEO 27:46-50

Cada mañana me levanto
para irme a comprar un café
al negocio de la esquina. La esquina
es una forma de decir, porque tengo
que manejar más o menos dos kilómetros
para pedirlo. No es que no quiera caminar,
pero no hay aceras. "El negocio de la esquina"
tampoco le hace honor a esa cadena de cafeterías
que se encuentran a todo lo largo de este estado.
Al llegar a Indiana cambian de nombre. Pero no de dueño.
La chica que atiende ya me conoce, y me trae
de inmediato lo mismo de siempre. Después
me devuelvo a la casa, porque toda la pega
la hago sentado frente al computador. La escena
se repite desde hace años. La chica ya no es tan joven
y el otro día por primera vez me preguntó mi nombre.
Por primera vez le pregunté el suyo. Y ahí me contó
que iba a entrar a la universidad, que se iba a vivir
a Colorado y que ese era su último día trabajando
en ese lugar. Iba a pagarle pero me dijo no se preocupe,
este lo pago yo. Le agradecí, le deseé mucha suerte y nos
despedimos. Mientras manejaba de vuelta,
 el camino me pareció más largo, lleno de semáforos
que no había visto nunca, atestado de conductores
intentando llegar a alguna parte. Estacioné el auto
y me senté como siempre delante de la pantalla.

Mi obligación es tomarme ese café.
Arrojármelo encima. Sorberlo entre la mugre
del suelo, preguntando por qué me has abandonado,
por qué, Señor de las ojivas nucleares atravesando
el cielo de esta tarde, me has abandonado.

Tuvimos que cruzar el puente de rodillas
para que no pensaran que íbamos a atravesarlo,
para que se dieran cuenta de que estábamos rindiéndole

    pleitesía

al cemento con el cual lo levantaron
a la sangre que nos brota

    mientras avanzábamos: los tiempos

verbales y de otro tipo
varían de acuerdo al reguero

que queda a nuestro paso,

    baba

    de estos caracoles en que nos hemos
        convertido

por cargar con nosotros un ladrillo
con tal de enseñar nuestra casa

    adonde vamos. Esa es una cita, ¿sabías?,

esa es una cita de algún poeta alemán
leído generosamente en español

por obra y gracia de alguien que aprendió a leer
en la misma lengua que lo torturaron: cruzar

el mar es llegar a la otra orilla, cruzar
el cielo es pasar por encima de las cabezas
cruzar con una línea las palabras

se dice corregir en castellano, se dice

tarjar lo que sobra para podar las ramas del árbol
y permitir

que vengan nuevos frutos.
Una primavera que los viera
brotar no debería sentirse culpable
porque esas hojas son idénticas

geométricamente hablando,
una perfección casi inconcebible

en este universo de minimarkets
abiertos hasta las seis de la mañana:

nos bajamos del auto, una vez
concluido el apocalipsis

porque hay que llenar el estanque
y descargar el nuestro. Un tipo

con una swástica tatuada en el brazo
nos atiende detrás del mostrador. Le digo
que el único culpable del incendio del Reichstag

no fueron los precios de las tiendas
cuyas vitrinas terminaron destrozadas
la noche de los cristales rotos

ni tampoco la República socialista de Baviera
   que no alcanzó a acuñar una moneda propia

ni a captar la atención de los historiadores/
   sino la fuerza con que vomitaban sus entrañas

las ratas que abundaban en las trincheras
   dado el tenor del espectáculo

que les tocara contemplar.

La poesía habla de sí misma en el mismo idioma
que hablan los demás.

   Los primeros comunistas deportados fueron los judíos.
   Los primeros judíos deportados no sabían que eran judíos.

Rompehuelgas y esquiroles están de fiesta
tomando sol en la playa bajo un quitasol
                        importado

            cuando todo el comercio mundial
                        era maoísta:

            han decidido
probar suerte en el amor

y el dulce lamentar de dos pastores es ahora
la práctica que ejercitan en presencia

        de vestales

y meretrices, lo más granado
de aquellos que solían asistir

            a esas reuniones donde se hablaba
de cantos gregorianos/y estructuralismo

            adobado por el sabor
de la cebada: yo también puedo hacer conjeturas

y preguntarme por la naturaleza de una casa,
poner de protagonista a un caballo y recordar

alguna infancia más o menos feliz/
            todo tipo de paisajes que cambien

de lugar aquel espejo que llevamos guardado
    en el bolsillo, los cazadores

han vuelto con su presa
y ciertos árboles no existen

más que para ver cómo se mueven
cuando se digna soplar el viento

y las copas contra el horizonte
parecen manos despidiéndose

    sin saber de quién:
el retrato de una mujer
no puede colgar de una pared
        donde cuelgan otros

cuadros, ni puede ser una fiesta
donde los festejos duren más

    de una semana
y los invitados no tengan donde

    dormir y haya que recuperar
sus automóviles desde los corrales

del municipio, no: si todo eso
te pasó alguna vez camino

    a un matrimonio
donde estabas a punto de dar tu consentimiento
para que la bandera flameara a media asta
        sin que nadie se ofendiera

y los profesores profesando profesión
de obediencia, pobreza y humildad
delante de las cámaras,

oh gato montesco
devenido jefe de estación,
oh rata de alcantarilla

resucitado como poeta maldito
y pendenciero: pamplinas es una palabra

que te encantaría pronunciar si la entendieras.
Pero hay que abrigarse por la noche.
Y dejar que el invierno

ponga de su parte.

NOVELA DE FORMACIÓN,
DECLARACIÓN DE PRINCIPIOS, ETC.

Pero alguien tenía que botar la basura
y salir a repartir aquellas pizzas.
Había que mostrar tus documentos
porque los muchachos de tu misma edad
te los exigían cuando llevaban uniforme
en medio de un paisaje sin ofertas de resurrección,
flanqueado por rejas blancas y zapatillas
colgando como un condenado de los cables
que ya no llevan electricidad: y los mostramos.
Las fiestas se hacían cada vez más lejos
del futuro que nos habían prometido, ajeno
al calvinismo sudaca y pinochetista
que se practica al manejar por estas calles
donde todas las iglesias arden e iluminan al mismo
tiempo, quemar esos neumáticos impasibles en las ruedas
de mi auto, abdicar de los derechos adquiridos
no sin antes admitir que los echaríamos de menos,
descubrir si las gaviotas se arrojan en picada
para disputarle su alimento a los pescadores,
enamorarse por enésima vez de un alma en pena
y darle un nombre que al menos resultara vagamente
conocido para que lidiar con ella durante la noche
se pareciera a pagar una entrada y que aun así
no te dejen entrar a ese concierto: no todos los muros
tienen vocación de ruina. Notas a pie de página
que podrían cambiar nuestra fortuna, muchachas cargando

sobre sus hombros con el peso del universo sin saber
que tenían derecho a quejarse, pero no a dejarlo caer, ladridos
que pertenecieran a los últimos perros guardianes con ganas
de convertirse en defensores de su especie, la nostalgia
es una forma de poder que te hace juntar las manos
pero no necesariamente para rezar, no se puede
dar por hecho que el sol vuelva a salir si no se toman
las medidas necesarias
dicen los sastres mientras reúnen
la leña para comenzar el sacrificio: el condenado
se aproxima a la hoguera como si fuera a saltar
desde un rascacielos que aún tenemos que construir,
los candidatos a poner la primera piedra
escrutan el horizonte en busca de señales, quisieran
saber de antemano si la leche va a echarse a perder
antes de que las arrugas se acriminen con su rostro
y el canto de los colibríes transmita esas palabras
que algunos abuelos sólo pueden escuchar
visitando el cementerio: shanti shanti shanti.
Todas las veces que vinimos a poner cruces.
Sin haber enterrado a nadie.
Todas las veces que empuñamos un arma.
Para descubrir si teníamos
o no un enemigo.

La belleza del aserrín tirado por el suelo:
ya van a cerrar el restaurante pero están esperando
por nosotros. Épico es quedarse hasta el final, salir
después de que hayan bajado las cortinas
y la última micro de la noche acaba de pasar
por la esquina donde estábamos parados. Otra vez caminar
hasta la casa. Otra vez van a mirarnos como miraremos
mañana a nuestros hijos. Un disco rayado
nos obliga a permanecer despiertos. Los bombazos
han destruido las torres de alta tensión y esta noche
podremos cenar a la luz de las velas. Conozco esas miradas,
el ceño fruncido de los sapos en el charco. Pero entiendan:
ustedes también fueron felices. Yo los vi corriendo
por una avenida abandonada a su propia suerte.
Yo los vi trepar a los plátanos orientales
como si estuvieran combatiendo un enemigo
que nada tenía contra ustedes. Yo los vi
cubriéndose la boca para que al bostezar
no se les escapara el alma y en medio de las asambleas
los vi redactar manifiestos con la forma de una rosa
o una partitura: de nota en nota esgrimían sus razones,
pétalo tras pétalo iban a cambiar el mecanismo
para sacar las mejores fotocopias y hacerse de una biblioteca
infinita como la querían los maestros, proletaria
como las circunstancias lo exigían. Yo los vi.
Estuve a vuestro lado (perdonen que les dirija
la palabra: mi función era despertarlos
cuando se quedaban dormidos en la micro,
mi papel no darme cuenta, mi tarea comprender

que las ramas secas y delgadas prenden mucho más
rápido que los libros arrancados de los anaqueles
pero no de la memoria. Las servilletas están
manchadas como la sangre sobre la nieve
y al verlas tiradas por el suelo recuerdo esas
naturalezas muertas que sin estar colgadas de una pared
incluían frutas apetitosas con una mosca encima:
curtidos en el arte de hacer hora esperamos
que algo pase en el último de los paraderos
que todavía sigue en pie, nos protegemos
del frío haciéndole caso a nuestros padres
y arrojamos una piedra al agua para que sus círculos
concéntricos mantengan prendido el fuego: yo los vi.
Lleno del estupor que me producen
las profecías a punto de cumplirse
los vi cruzando la Alameda, capitanes
de una embarcación de mediana eslora
varada en el puerto hasta nuevo aviso.
Y cuando les comunicaron que ya podían
zarpar, que todo estaba en regla y los marinos
se agitaban con el viento como un campo de trigo maduro,
tuvieron que ir a buscarlos a un lupanar
donde estaban sentados a la mesa con sus familias.
Un pianista tocaba el piano para que los niños
bailaran en medio de los clientes, en esa época
entre la rosa que uno corta y la que da
se abría un abismo por donde se precipitaban
los pasajeros al salir de los vagones del Metro
y el agua de las olas reventando nunca
alcanzaba la orilla ni la arena, la Avenida
del Libertador Bernardo O'Higgins
es una prueba irrefutable pero también
es una pista, el sol ocultándose en el horizonte

pero también los que se sientan, en pleno
invierno, a verlo desaparecer entre las aguas
y sienten el impulso de salir a buscarlo:
yo los vi con un traje de dos piezas saludar
al enemigo, sin saber que se trataba del enemigo,
yo los vi trabajando hasta las cuatro
para no tener que ir a dormir, yo los vi más
pájaros que alas como si el arte de volar se demostrase
subiendo a la azotea de un edificio desde la cual
se arrojan los ancianos para combatir un mal que han olvidado
sin más remedio que volar para ver si aterrizando lo recuerdan.

RETORNO DE MARTÍN PESCADOR

Madre no alcanza. Madre no llega hasta la parte
de arriba de la despensa. Madre dice no sobra.
Le habla a las plantas cuando las riega.
Trabaja desde los catorce años porque madre
no alcanza. Porque él vende bolsas en la feria y no
terminó sexto humanidades. Ejército hacia
el sur. Madre no alcanza porque el tranvía no llega.
Porque el abuelo es paco y tiene otra casa.
Y otra mujer es madre. Y otros niños hermanos.
Porque la hermana se casó y el hermano también.
Madre no alcanza porque es muy alta. Porque el piso
es de madera hasta donde se puede. Porque la cera
es resbalosa y nos cambiamos a un edificio.
Porque Santiago termina en Conchalí y la clase
media comienza por la Chimba. Maruri está a la vuelta
de la esquina y el hipódromo también, pero madre
no alcanza porque la ferretería no les pertenece,
porque hay que entregar la casa y madre pinta tazas
para ganarse lo que sea, madre no es tan alta después
de todo, Independencia llega hasta el Santa Laura
y el cementerio queda en el camino, los médicos
estudian al otro lado de la calle, la micro
no alcanza porque hay que tomarla en el paradero,
madre no regala porque es tu deber, madre lo repite
y no permite las peleas en el patio, las camas están
una encima de la otra y el edificio está rodeado
de las ganas de salir de allí, madre no alcanza

porque el pan hay que comprarlo, los cabellos del ángel
son las compras en el emporio, el cuarto de aceite
lo vimos porque madre nos enviaba, las esquinas
son la precaución, la plata en el bolsillo, el cine
abandonado, los milicos porque madre, miedo era
estar aburrido, los verdaderos ya estaban muertos, los
de verdad estaban por volver, el tiempo no pasaba
porque siempre perdíamos en el patio, porque
los poemas que cuentan en la pizarra persiguen
la tiza que los escribe, los profesores son guardapolvos
y al frente viven los guardias, la mujer de mi vida
se paraba a dos cuadras durante toda la noche
para que los estafetas y los imaginarias estuvieran
de franco, los cuarteles tenían maíz debajo
de los portones, por eso madre no alcanza
ni dice todo lo que debería decir, los sacerdotes
vienen a nuestra casa para subir las escaleras,
los vecinos viven allí para bajarlas, sus hijas
lloran a las cuatro de la tarde, a las seis nos prestan
el teléfono en una casa habitada por mujeres
y un visitante se sienta con las piernas
recogidas como una sinécdoque culpable
del país: madre no alcanza, me dice, porque
los aviadores irlandeses son capaces de ver ese
futuro, porque los alemanes encerrados en una torre
sabían la verdad, porque los vendedores de pan amasado
a un costado de la carretera no alcanzan a llegar
a fin de mes y los cerros color de puma
se levantan a sus espaldas como una advertencia
para que madre se guarde en la palabra
y pueda abrazar con abrigo y sentarse a la mesa
pueda antes y después de que los platos
y la comida baje por el esófago

y la catequesis los miércoles por la tarde
pertenezcan inefables al techo que cubría
el embaldosado, al año en que mantenerse
de pie era un acto de heroísmo, a la reja de metal
para ser de clase media, a esas calles donde
en vez de llegar se llega tarde. Allí parir
es preferible a cruzar un puente rigurosamente
vigilado por aquellos que se observan desde
ambas orillas. En el medio no hay nada
salvo mi madre. El idioma en que ambos
bandos no se entienden es mi madre.
La piedra que los separa. El hueco entre ellos.
Por el solo hecho de estar a cada lado soy su hijo.
Las armas cargadas de futuro que blanden los contendores.
Son y no son estas palabras.

LIMPIEZA Y RESURRECCIÓN

I.-

Parecía un monje:
envuelto en una sábana,
la cabeza cubierta con lo que podría
haber sido una capucha, tendido
sobre la misma cama en que los doctores
decían que no supo de sufrimiento.
Parecía meditar. Por lo menos
el telón de fondo cordillerano
disponible más allá del ventanal
invitaba a confundir las cumbres
con esa sabiduría que la vida le negó: tal vez ahora
¿se puede hablar en estos casos de postrera lucidez?
llegue a alcanzarla. Después trajeron, literalmente,
un cajón –metálico, para agregarle más frío
a aquella madrugada. No mucho antes
me habían llamado por teléfono. Qué hubiera
hecho Octavio Paz. Qué habría dicho doña Gabriela.
Me piden que me haga a un lado para poder
llevarlo hasta la morgue. Este es el precio del apego,
decía Gary Snyder en uno de sus poemas más tardíos.
Este es el precio de morir con los ojos cerrados
sin poder contemplar la cordillera.
Sus cumbres emblanquecidas.
Lo impávido de las montañas.
Ni siquiera estaba durmiendo cuando recibí el llamado.

"Lo siento", terminó diciéndome la doctora.
Yo sé que lo siente mucho, iba a contestarle.
Pero estaba empezando a amanecer, y era la hora
de partir. De salir a buscar un taxi en medio
de la nada. Salimos y aún no amanecía.
Una especie de claridad venía del otro lado de la cordillera.
Eso era todo: una especie de claridad
asomándose al otro lado de las montañas.
Y nosotros de este.

II.-

Mi padre era más joven cuando se limpiaba
las uñas con esta lima, y dejaba brillante
sus zapatos antes de llevarnos al colegio
cruzando por Bandera hacia Avenida Matta,
era más joven haciéndole el quite a las micros,
puteando cada vez que veía a un paco,
frenar es un arte que se aprende
en Santa Rosa con Gran Avenida, en Trinidad
al llegar a Vicuña, tal vez sería demasiado
hablar de satori cuando llegábamos a la hora
pero parecía tan normal hacer la fila
sin que la Torre de Babel se derrumbara:
decían que conversaba con todo el mundo
mientras el coro anuncia nuestro destino
envolviendo frutos de la tierra con artículos de diario
escritos con una prosa digna de aquellos
que merecen el cielo por el solo hecho de escalarlo:
era más joven por las murallas rojas de la Iglesia
de San Francisco, por el mohicano dibujado
a sus pies mientras alguien fotografiaba un rostro

para que el reino de la imagen tuviera súbditos
en el nuestro, hubiera sido más fácil
condenarnos a la hoguera que vender tarjetas
de navidad a fin de año, las fluctuaciones de la Bolsa
moldearon como un alfarero nuestro carácter: la paciencia
es el torno que gira como un disco, la aguja rayando
su superficie escribe en realidad este mensaje:
es hora de decidir entre la imagen y el espejo.
Mi padre era más joven, pero nadie lo recuerda.

III.-

Estoy enamorado de las fotografías que tomé
en Valparaíso, pero también de las que tomé
en Viña del Mar: estoy enamorado de los cables
que mantenían con vida a mi padre hasta que no
pudieron seguir manteniéndolo con vida: enamorado
de las tardes que pasé en Portugal con Rancagua,
dando vueltas por esa esquina por si acaso algún muerto
allí en la Posta resucitaba, enamorado como no creía
que se podía estar de los rayos ultravioleta que caen en la piel
de los que se sientan a almorzar a mediodía, de los efectos
del alcohol sobre los que habían dejado de tomar y ahora
se arrepienten, como si tuviera cinco años enamorado
de los abrazos que te dan cuando te reciben y te dan cuando
te vas, enamorado de los edificios que ahora pululan
por encima de las antiguas casonas de adobe patronal,
de los departamentos que ahora albergan a los que antes
trabajaban para el señor y tal vez todavía lo hagan:
enamorado hasta tener que pedir auxilio, enamorado
porque a más de alguno le haría bien estar enamorado,
bendita la hormiga sepultada debajo de mis nudillos

cada vez que intento hacer hablar a las murallas
porque de ellas será el reino que habitamos
los que predicamos la ideología de hablar con la piel,
aquella que rinde frutos similares a la ideología
de comer con las manos y terminar limpiándose con el mantel:
matorrales a orillas del camino en lugar de nosotros,
aves de paso que podríamos seguir, piedras
que no son ruinas y sin embargo guardan un mensaje:
tráiganme algún imperio que añorar, un futuro
que no se pueda predecir, pero del cual juraremos
traer la buena nueva, delante de un comité compuesto
en la misma medida por médicos y sacerdotes:
doctores de una ley demasiado rigurosa
para admitir que la nostalgia es una forma
de poder: viajar en el tiempo es un acto de amor
como una mosca que vuela alrededor de nosotros
para luego irse sin dar más noticias de sí misma.
Como ese plato que todavía está humeando.
Como el viento que en este minuto desordena tu pelo.
Y tu teléfono que suena para interrumpirnos.
Y mi padre que agoniza lejos de aquí.
Y las tumbas espolvoreadas para quedarse
con sus huesos. El instante que ya fue es ahora
y el que será está siendo y es. Enamorado
de una fotografía: más bien de haberla tomado.
Si pudiera enseñárselas me entenderían.
Esa mezcla de luz y de acetato que llevo en un bolsillo
los exculparía para siempre de la vergüenza:
ténganme fe. Por primera vez en vuestras vidas.
Ténganme esa cosa parecida a la desconfianza
y al arrepentimiento que ustedes llaman fe.

IV.-

Yo quería ser mi madre pero no me perdonaron.
El computador dice que ahí falta una coma:
yo quería ser mi madre, pero los museos
de la ciudad aún no están abiertos, pero los museos
de la piedad cobran una entrada: díganle a Javier
que el bote no tiene remos, díganle a los sumos
sacerdotes que hoy por hoy no se puede dar por hecho
que el diablo se cruce en tu camino cuando vayas
caminando por el Elqui, a los más engarzados
de los creyentes comuníquenles por favor
que al final he dado mi brazo a torcer siempre
y cuando alguien me lo rompa, déjense
de aromaterapia, déjense de comprar sus regalos
en los duty free del aeropuerto, lo importante
es que mi madre se muera rodeada por sus hijos,
lo central es que se abran las grandes alamedas
para que mi madre avance por el bandejón central,
que las centrales nucleares se construyan lejos
del litoral de los poetas, que los frutos del árbol del
conocimiento sean por fin de libre descarga, yo
quería estar llorando pero mi madre dijo que la tierra
se escarba con los dientes, yo voy a subir un cerro para
quedar enterrado en los glaciares, yo uso la primera
persona para que el pope tenga motivo de ira
y asimismo motivo de perdón, las casas de fachada
continua y las mesas de tevinil que pululan por nuestros
poemas son a la larga uno y el mismo medicamento
abandonado encima de la mesa: lo recetó un tipo
de lentes que se hacía llamar el mago de Oz, donde
íbamos a bailar en aquella época cuando en vez
de perseguir a nuestras madres perseguíamos a las

bailarinas de los noventas, chicas en negligé
de las que terminamos enamorándonos, chicas
que se hubieran casado con nosotros si nosotros nos
hubiéramos casado con ellas, pero decidimos aaaah,
pero pensamos oooohhhh, lo teníamos todo
tan bien planeado: ahora quiero ser una mujer
de ochenta años llorando por un viejo de noventa.
Pater familias sin tablas de la ley ni pueblo alguno
al cual dirigir, a los pies de la montaña buscar
a algún anacoreta que guarde en la boca alguna
profecía, la tengo o no, no vamos a comprenderlo.
Pero eso ya lo sabe de antemano. Pero eso
lo predijo a la salida del Lagar un enano que
era parte de nosotros: ahora nos corresponde
hacer algo con todo eso (un proyecto que reúna
firmas, un prólogo de buenas intenciones,
un acantilado con la firma estampada entre las rocas:
una palabra pendiendo del abismo, un paréntesis
imposible aunque quisiéramos cerrar.

COSAS QUE UNO PIENSA CUANDO DEBERÍA ESTAR TRABAJANDO

Cuando tenga que decirle a mi viejo que tiene Alzheimer
quiero que esté leyendo el diario. Quiero sentarme
con él y leer el Arte y Letras. Ojalá que nos
estuviera dando el sol, ojalá que fuera verano

y las hojas se traslucieran con la luz
para leer la siguiente página
sin dar vuelta la hoja.
Ojalá estemos en la casa,

ojalá que no sea una de esas visitas
de médico que me sirven para no
perder el acento y firmar los papeles

de la herencia. El día que le tenga que
decir a mi viejo que tiene Alzheimer
espero que haya jubilado y haya vaciado
mi librero con esa plata derrochada.

No se entrega el cinturón de los pesos pesados
sin dar una pelea. De lo que conozco
él la viene dando desde los trece
cuando decidió que sería más

redituable vender bolsas de plástico
en la feria que llegar hasta sexto

humanidades. El resto, un montón
de fotografías con personajes que ahora

no tienen nombre y un calendario
que se repite como si el viejo
fuera un Nietzsche de clase

media, aburrido por sobre todo
de andar con el encendedor prendido.
Y en la boca los cigarrillos apagados.

PARIENTES LEJANOS, LUZ DE CENIZA, HEGELIANO
(el último poema, el último discurso)

Los estudiantes de literatura deambulan por las
librerías de viejo en busca de ese tipo de iluminación
sacada de algún libro de fotografía o de las memorias de un político
arrepentido: cualesquiera que sean sus lectores no son los únicos
que andan buscando. Las primeras ediciones
que se transan en las galerías del centro de santiago
son al mismo tiempo el mapa y el tesoro.
La angustia de las influencias parece un chiste
ahora que los mejores poetas de nuestra generación
han podado lo mejor de sí mismos con tal de encontrar
sus incunables entre un montón de otros libros fervorosamente
dedicados y por el mismo precio de una chela que se
se podrían haber tomado en Las Lanzas. Cajones de saldo
que bien podrían robarse a plena luz
del día, la poesía de los noventa
está indisolublemente ligada
a la muerte del presidente
balmaceda:
la matanza de san vicente
de paul, el enfrentamiento entre el congreso
y el poder ejecutivo, la demagogia según la cual
existe una línea directa entre el pensamiento cartesiano
y los campos de concentración judía, la carencia de un punto de
vista dialéctico y el fin de la educación pública, no sólo las profecías
terminaron por autocumplirse, los filósofos del siglo diecinueve
jamás se imaginaron el espíritu de la historia

con nombre y apellido, pero la libertad es necesaria
sólo cuando se escoge libremente aquello que
ya estaba decidido, cuando se cumple con
la caída sobre el pasto del rocío y
el árbol se decide a echar raíces
una vez que ha dejado de crecer.
Un hombre para quien todas las cosas son
parientes lejanos sabe que el búho de Minerva
emprende su vuelo al atardecer. Mucho más temprano
que tarde: lo hará cuando amanezca. Mucho más
temprano que tarde el espíritu de la historia
se traducirá en carne y en huesos, en el
cumplimiento de alguna profecía
rubia y de caderas anchas. Hasta
entonces seguiremos organizándonos,
hasta entonces seguiremos con el trabajo
de bases y propaganda, la educación
de la masa trabajadora comienza
por las librerías de viejos, con los
libros de los poetas más jóvenes de edad
rigurosamente autografiados.

ALTURA

Vivo en mil novecientos setenta y tres.
Aviones pasan por el aire

para acariciarlo como mi madre
cuando me peina. Sueño

con desiertos pero tengo cinco años.
El pasaje donde vivimos

tiene sólo una salida. Al fondo
hay un portón donde sigue

ladrando un perro. No vayas
hasta el fondo. Busca la pelota

que se te perdió jugando con tu hermano.
Vivo en mil novecientos setenta y tres

me escondo debajo de la cama.
Una vez me oriné en la casa

de una vecina. Mis amigos del pasaje
me golpeaban. La casa tenía cemento

de barro. El suelo no era todo de cemento.
Vivo en mil novecientos setenta y tres

pero nunca tendremos una mascota.
Afuera está la calle y mi hermano

es muy grande (tiene siete años.
Mi mamá también es muy grande,

le llega al hombro a mi papá.
El chancho de plástico maneja

un auto que era de mi hermano.
Todos dormimos en la misma pieza.

Mi madre lava la ropa en la batea.
Cepilla con fuerza las camisas.

Los cuellos y los puños son los más
difíciles, me dice arrodillada al frente

de una tabla de madera donde apoya
los pantalones y los calzoncillos.

Le prometo que cuando grande voy
a comprarle una lavadora. Se hacen

globos de aire en el agua. Carlos duerme
en el camarote, yo en la de abajo.

Discuto con mi amigo y mi madre le da
la razón a mi amigo. Pero si yo soy

tu hijo. Pero él tenía la razón.
Mi mamá es muy alta (le llega

hasta el hombro a mi papá.
Mi hermano siempre se saca

buenas notas. Yo tengo que ser
como mi hermano, cuando sea

grande voy a ir al mismo colegio:
voy a ir con su uniforme. Dicen

que me escondía debajo de la cama
cuando los aviones pasaban acariciando

el cielo como mi madre cuando me peina.
Pero mil novecientos setenta y tres.

No es un año ni una fecha. El piso
era de madera hasta donde alcanzara

el presupuesto. Es un poste de electricidad.
El muro de una casa. Una dirección

que podría ir a visitar. Todavía sigue allí.
Siempre será ese mismo día.

Cada vez que abro la puerta
se escucha a los perros ladrar.

Cada vez que tomo la mano de mi hija.
Cada vez que hablo con mi mujer.

Veo los autos pasar por la calle.
Sé que vienen por nosotros.

Mirar a los dos lados antes de cruzar.
Pero mejor que no. Pasa gente caminando.

Antes no había portón. Ahora pusieron un portón.
De madera barnizada. Cada vecino tiene una llave.

Yo voy a pararme afuera esperando que me abran.
Santa Elena con General Gana. No vayas para el fondo.

Mi papá se llama Iván. Mi padre se llama padre.
Sé que vienen por nosotros. ¿Soy yo no más

el que escucha clarito ladrando a los perros?
Pásenme una cama porque tengo que empezar a hablar.

Ojalá me abrieran la puerta. Todas las casas
estaban pareadas. La de nosotros era la blanca.

Cada vez que la cierran es mil novecientos setenta y tres.
Cada vez que pasan por el aire, acariciándolo

como mi madre cuando me peina. Sé que tenía
abuelos. Sé que tenía primos. Con casas

que tenían suelo en vez de cemento, el barro
sólo se usaba en el campo. El piso estaba

en el comedor donde teníamos que sentarnos
a la mesa. Mi madre siempre estaba en la cocina.

Era muy alta y me hacía dormir. ¿Pueden escuchar esos ladridos?
¿podrían abrirme por favor?, ¿podrían decirle a mi hermano

que estamos en mil novecientos setenta y tres,
que todavía no se ha muerto, que no quiero

que se muera? Díganle que mi madre
es muy alta y se puso a gritar. Díganle

que mi padre se llama Iván después de todo.
Sé que vienen por nosotros. Acariciándolo.

Tal y como se los dije.

EXTREMELY WHITE PEOPLE

Una profesora de lenguas clásicas recita a Kavafis
en su idioma original. Las ninfas del bosque
trabajan para la forestal Mininco. La casa cuesta
lo mismo que financiar la colegiatura
de una prole que brilla por su ausencia. Las palabras
del opresor no pueden ser las mismas con las que nos
deseamos feliz cumpleaños cada vez que volvemos
a reunirnos. Una polera que diga. Esperando
a los bárbaros es un poema que no podría
ser escuchado con mayor atención que en esta
fiesta: un ejemplo perfecto   de la distancia
que separa a las palabras de la realidad.
Cómo te lo explico: cada uno de nosotros

tiene que elegir el ojo de la aguja
por el cual atravesará hacia el cielo.
Cada uno de nosotros

ha admirado la altura de estos árboles
sin admitir la belleza

de la hierba que crece a ras del piso.
Es ella la que tiene que lidiar
con las hormigas marchando en fila.

Es ella la que tiene que lidiar
con nuestros pasos que vienen

a segarla. A impedir que siga creciendo
porque entonces habría que utilizar

otro tipo de adjetivos. Sin embargo
aquí en el bosque los atentados incendiarios

suelen atribuírseles a los únicos
que sabrían vivir de él y así lo habían

hecho hasta la llegada del cóndor y el huemul:
el escudo patrio deberían ser los camellos

encargados de la salvación de nuestras almas.
Los profesores reunidos en torno a una mesa
sobre la cual no se discute ninguna teoría literaria

sino un sinfín de recetas de cocina para combatir
la pobreza en el tercer mundo, el anhelado ahínco
que demuestran las aspirantes a reina de la primavera

y el enconado empeño de las aves por volar, sí: el empeño
de las aves por volar completan el menú de las conversaciones.
En el intermedio algunos se rascan la cabeza.

Otros se desvisten para prestar más atención.
La gran mayoría disfruta el aire libre. Uno que otro
alza su copa para celebrar este momento.

Yo que no soy blanco escucho en silencio sus palabras.

"Un fantasma recorre Europa: el fantasma del Comunismo. Todas las potencias de la vieja Europa se han confabulado en santa jauría contra este fantasma: el Papa y el Zar, Metternich y Guizot, los radicales franceses y los polizontes germanos".

Marx y Engels

Índice

UN FANTASMA RECORRE EUROPA
de Cristián Gómez Olivares
-4/10 de la Colección Capitanes 1-
se terminó de editar y maquetar
por Nautilus Ediciones
en Zaragoza, España,
en abril de 2024.